INSTITUT DE FRANCE

ACADÉMIE DES BEAUX-ARTS.

DISCOURS

PRONONCÉS

A L'INAUGURATION DU MONUMENT

ÉLEVÉ A LA MÉMOIRE

DE PAUL BAUDRY

Le jeudi 20 février 1890.

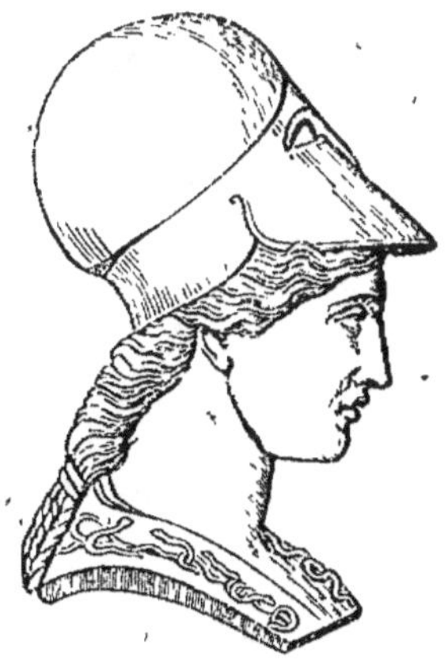

PARIS

TYPOGRAPHIE DE FIRMIN-DIDOT ET Cⁱᵉ

IMPRIMEURS DE L'INSTITUT DE FRANCE, RUE JACOB, 56

M DCCC XC

ACADÉMIE DES BEAUX-ARTS.

DISCOURS

PRONONCÉS

A L'INAUGURATION DU MONUMENT

ÉLEVÉ A LA MÉMOIRE

DE PAUL BAUDRY

Le jeudi 20 février 1890.

PARIS

TYPOGRAPHIE DE FIRMIN-DIDOT ET Cⁱᵉ

IMPRIMEURS DE L'INSTITUT DE FRANCE, RUE JACOB, 56

M DCCC XC

INSTITUT DE FRANCE.

ACADÉMIE DES BEAUX-ARTS.

INAUGURATION DU MONUMENT ÉLEVÉ A LA MÉMOIRE

DE

PAUL BAUDRY

DISCOURS

DE

M. BOUGUEREAU

MEMBRE DE L'ACADÉMIE

PRÉSIDENT DU COMITÉ DE SOUSCRIPTION

Prononcé le jeudi 20 février 1890.

Messieurs,

Le monument que l'on vient de dévoiler, et que j'ai l'honneur de vous présenter, atteste une douleur nationale : la France, en deuil, pleure un de ses plus illustres enfants, et le Génie des Arts couronne, en Paul Baudry, une des plus brillantes incarnations de l'art.

Devant ce monument, nos pensées se reportent vers le triste événement qui lui donna naissance ; permettez-moi de rappeler, en peu de mots, les circonstances qui ont concouru à rendre possible l'achèvement d'une œuvre si imposante et si belle.

Le 17 janvier 1886, Paul Baudry fut enlevé par une maladie presque foudroyante. Son retour parmi nous quelques jours auparavant, avec toutes les apparences d'une santé retrouvée, avait semblé promettre un avenir heureux pour l'amitié et pour l'art ; aussi l'émotion occasionnée par sa mort inattendue fut-elle profonde et générale. De toutes parts affluèrent les personnes désireuses de rendre les suprêmes devoirs à ce peintre renommé. Aucune offrande ne leur parut assez belle pour accompagner son cercueil, aucune parole assez triste pour exprimer leur chagrin. Les adieux prononcés à ses funérailles témoignèrent d'une immense douleur.

Puis, de même que des parents désolés retrouvent avec une indicible tendresse chaque objet que chérissaient les êtres qu'ils ont perdus, de même on a songé aux belles créations qu'avait laissées cet artiste si doué. Une exposition des œuvres de Baudry fut organisée ; on résolut de consacrer une partie des recettes à l'érection d'un monument à sa mémoire. La commission qui se réunit dans ce double but me fit l'honneur de m'appeler à la présider.

Quel fut l'éclat de cette exposition, personne de nous ne l'a oublié ; l'affection y trouva une grande consolation, car l'ami regretté nous parlait encore par ces toiles signées de sa main, tandis que la gloire du maître recevait une nouvelle consécration dans l'hommage universel rendu à son génie.

La partie des recettes qui put nous être attribuée dépassa notre attente, la collaboration du gouvernement et la générosité des amis augmentèrent encore nos moyens, et pendant les mois qui se sont passés depuis cette époque on n'a jamais discontinué les travaux pour le tombeau.

Je désire, à l'heure de cette inauguration, remercier, au nom de la famille, des confrères et des amis de Baudry, tous ceux qui, par leur haute influence, par leurs talents ou par leur dévouement, nous ont aidés à réaliser notre vœu. Je remercie particulièrement M. le Préfet de la Seine et le Conseil municipal, qui nous ont fait don d'un emplacement exceptionnellement honorable dans cette nécropole où reposent tant d'hommes célèbres ; également, je remercie M. le Ministre des Beaux-Arts de nous avoir alloué une somme très importante ; enfin, j'adresse l'expression de notre gratitude à tous les donateurs qui ont généreusement contribué de leur fortune personnelle.

M. le directeur de l'École des Beaux-Arts, l'éminent statuaire Paul Dubois, a fourni le modèle du buste qui rend si fidèlement les traits de notre cher mort.

A deux artistes distingués, l'architecte Ambroise Baudry et le sculpteur Antonin Mercié, nous devons la conception et l'exécution de cette œuvre magistrale. Si le cœur du frère y a apporté le meilleur de son talent et ses soins infatigables, le cœur de l'ami y a consacré une des plus belles inspirations de son génie original et délicat.

Nous laissons ce monument en toute confiance au milieu des autres grandes œuvres qui l'entourent, nous le croyons digne de la place qu'il occupe, digne aussi de perpétuer le souvenir de celui dont nous voulons honorer la mémoire.

On ne peut trop rappeler l'histoire d'une telle existence :

Paul Baudry, élevé dans l'austère simplicité d'une famille de paysans de la Vendée, arriva jeune et pauvre à Paris ; il conquit par un travail obstiné le prix de Rome, puis alla passer cinq ans au milieu des richesses artistiques de l'Italie. Par l'étude passionnée des anciens maîtres, par la lecture des auteurs classiques, il se fortifia pour la carrière la plus élevée qu'un artiste puisse rêver. Dans la communion des grandes âmes de l'antiquité, son intelligence trouva un nouvel éclat sans sacrifier aucun des instincts personnels dont le ciel l'avait doué : c'est ainsi que le diamant ne perd rien de ses qualités intrinsèques sous l'outil qui le taille et le polit.

Revenu en France, la vie de l'artiste accompli fut une série de tentatives hardies et de triomphes glorieux. La mort seule a pu les interrompre.

Une légende raconte qu'aux esprits qui visitent notre terre il n'est permis de descendre que sur les berceaux et sur les tombes. Ame de Paul Baudry, si tu planes près de nous, visite donc ce tombeau que des mains pieuses ont élevé.

Dis à ton frère affligé que tu es content de ses efforts reconnaissants.

Dis à ta veuve, quand elle viendra s'agenouiller ici, que l'accomplissement de la tâche qui reste pour elle fera sécher ses larmes. Dis à tes enfants de grandir dans l'amour du bien, de chérir leur mère et d'honorer la patrie.

Dis aux artistes qui marchent les yeux rivés sur la terre : — Plus haut que la matière il y a la pensée, au-dessus de la réalité il y a l'idéal, au delà de la tombe, pour ceux qui ont contribué à la gloire de leur pays, il y a l'immortalité !

———

DISCOURS

DE

M. MEISSONIER

VICE-PRÉSIDENT DE L'ACADÉMIE.

Messieurs,

Dans une de ses lettres, le grand artiste auquel, au nom de l'Institut, je rends un suprême hommage, écrivait : « Je « me rappellerai éternellement la nuit de mon départ, « cette nuit froide et pluvieuse qui m'a emporté dans sa « tristesse et dans son obscurité; en passant devant la « statue de Travot, je me suis juré, la main sur la poitrine, « avec exaltation, de revenir homme et avec du talent. »

Ce serment d'être un homme, il l'a bien tenu. Les conseils qu'il donnait à son cher Ambroise encore enfant pour devenir libre et vraiment noble, il les a suivis lui-même. Ils étaient, on doit le dire, le manuel de l'honnête homme.

Il s'était juré d'avoir du talent, il a eu du génie.

Sachant les espérances que tout jeune il avait fait naître,

certain de ne pas les tromper, car il était sûr de sa volonté, l'œil toujours fixé sur son idéal, il n'a pas eu un moment de défaillance. Que lui importaient les difficultés matérielles de la vie? Il avait la jeunesse, la foi en lui-même et ceux qui l'aimaient comptaient sur lui.

Arrivé en Italie, le pays de ces maîtres sublimes, vous disant, quand on les aime, des choses que nul n'a pu vous dire comme eux, il les a passionnément aimés, avec adoration, leur demandant ardemment leur secret. Ah! laissez-moi, Messieurs, vous citer encore une lettre qui, mieux que tout, vous dira cette ardeur et ce culte.

Il arrive à Pérouse et parle de Raphaël : « Et moi, dit-« il, obscur et inconnu, je viens augmenter le nombre des « pèlerins qui vont, cherchant et baisant les traces de ce « divin génie; lui qui est dans le ciel, il doit savoir le « bouillonnement, le sillage d'admiration, d'enthousiasme « qu'a laissés sa vie dans ce monde : a-t-il encore près de « Dieu le pouvoir de disposer de ses facultés admirables qui « l'ont fait tant aimer des hommes; qu'il me fasse pour l'a-« venir l'aumône d'un seul denier de son trésor. »

Il l'a eu largement, ce denier; ces grands génies lui ont parlé, et de cette communion fervente il est sorti armé, non asservi, ayant pris des forces nouvelles, mais restant Français, bien Français toujours.

Oui, Baudry est bien à nous. Si amoureux qu'il ait été de l'Italie, ses œuvres nous appartiennent; elles sont nôtres par la grâce de sa composition, grâce toute d'élégance et d'esprit, par leur ordonnance claire et bien rythmée, par leur couleur aimable, limpide, aérienne, rendant si bien son idéal, et par la vérité des attitudes et des gestes si vifs, si spontanés, si naturels, même d'une libre désinvolture qui nous plaît à nous ennemis de la pose.

Vous les connaissez, toutes ses belles œuvres, laissez-moi n'en pas faire l'éloge ici : il serait trop long et d'ailleurs ne le faites-vous pas vous-mêmes en venant aujourd'hui lui rendre hommage? Je n'ai qu'un mot à dire avec vous, hélas! L'heure fatale est venue trop tôt, cette pensée qui pouvait encore concevoir tant de belles choses s'est éteinte, cette main si habile pour les exécuter s'est glacée.

Maintenant il s'est en allé dans l'immortalité, il n'aura plus que des anniversaires glorieux; son âme est restée dans son œuvre, c'est là que le retrouveront ceux qui l'ont aimé.

Les vrais artistes laissent à la postérité une source vive, ce qu'ils ont fait reste comme un enseignement et comme un exemple.

La plus haute récompense de l'homme ici-bas, c'est la pensée des sympathies infinies fleurissant après sa mort et lui faisant une chaîne d'amis et de disciples à travers tous les temps.

Un jour viendra où les jeunes enfants de Baudry se glorifieront d'un tel père et seront bien heureux de dire : Cet homme dont nous portons le nom était un grand artiste, une des gloires de notre pays, et c'était un bon citoyen. Dans les néfastes jours de l'envahissement de la Patrie, il a partagé le danger commun; ses amis voulaient l'y soustraire, il s'y est vaillamment refusé.

Hélas! quand il y a vingt ans, pendant qu'il était en Italie je le proposais, sans qu'il le sût, aux suffrages de l'Institut, pouvais-je penser que moi, son aîné de tant d'années, je viendrais aujourd'hui, au nom de ses confrères, lui rendre un suprême honneur au pied de ce monument consacré par l'amitié et l'admiration?

Que ceux qui l'ont élevé soient loués. La tendresse filiale d'un frère en pouvait seule tracer le plan, l'amitié la plus tendre pouvait seule l'exécuter!

Mercié, en faisant cette gloire inspirée par Baudry, vous pensiez à la sienne; mais dans cette image de la douleur, c'était bien la vôtre que vous exprimiez; et vous, Dubois, dans ce bronze impérissable, portrait de l'ami si cher, vous le faites vivre à jamais.

Merci, au nom de sa veuve, au nom de ses enfants, au nom de l'Institut, au nom de l'Art français!

DISCOURS

DE

M. JULES THOMAS

MEMBRE DE L'ACADÉMIE

AU NOM DE L'ASSOCIATION DES ARTISTES.

MESSIEURS,

Je viens, au nom de l'Association des Artistes Peintres, Sculpteurs, Architectes, Graveurs et Dessinateurs fondée par le baron Taylor, apporter au pied de ce monument, si digne de celui qui y repose, les sentiments de reconnaissance qui animent tous les Sociétaires.

Baudry a été un grand peintre dont la postérité proclamera la gloire, ses œuvres vivront éternellement dans la mémoire des hommes. L'Association aime surtout à se souvenir ici des qualités d'un cœur ardent et charitable, d'une généreuse bienfaisance dont elle conserve pieusement un monument durable. Nous nous rappelons tous les tableaux que Baudry a peints pour la décoration du foyer de l'Opéra : cette œuvre considérable excita l'admiration générale et son exposition produisit une somme de plus de trente-quatre mille francs; Baudry la partagea entre sa ville natale, l'École des Beaux-Arts et l'Association. La part de celle-ci fut de vingt et un mille francs. Que de bien ne nous a-t-elle pas aidés à réaliser ! A chaque infortune soulagée le souvenir de nos bienfaiteurs se présente à notre pensée et un sentiment profond de gratitude nous pénètre pour ces vaillants qui ont disparu et dont l'œuvre de charité nous est confiée; leurs noms sont chaque jour bénis, avec celui de notre illustre fondateur, par tous ceux à qui l'Association vient en aide : celui de Baudry brille, au milieu d'eux, d'un vif éclat. Il est beau d'être un grand artiste, il est plus beau encore d'allier aux dons si enviés du talent les sentiments les plus nobles de l'humanité, d'être touché des maux de ses semblables et de vouloir les adoucir : Baudry les a possédés au plus haut degré et nous leur devons le don magnifique dont je vous ai parlé.

C'est l'hommage d'une éternelle reconnaissance que nous venons déposer ici, c'est celui de tous les malheureux secourus. On devait un tombeau au grand homme et on l'a fait digne de sa gloire; nous en remercions le Comité qui l'a fait élever, ses amis, ses admirateurs et les artistes qui l'ont conçu et exécuté avec tant de talent. Il dira à ceux qui nous suivront : « Là repose Baudry. » Il leur permettra aussi de venir à jamais offrir à notre bienfaiteur le tribut d'actions de grâces de ceux qu'il aura contribué à consoler.

DISCOURS

DE

M. BAILLY

MEMBRE DE L'ACADÉMIE
PRÉSIDENT DE LA SOCIÉTÉ DES ARTISTES FRANÇAIS.

Messieurs,

Dans une pénible circonstance, dans une cérémonie semblable à celle qui nous réunit en ce moment, nous venions apporter, en janvier 1886, à notre ami, à notre cher et bien-aimé confrère, à Paul Baudry, l'expression de la profonde douleur que la Société des Artistes français ressentait du malheur qui, en même temps qu'elle frappait les siens, enlevait à l'affection de notre grande famille l'un de ceux qui non seulement a le plus fait pour illustrer notre art national, mais encore comme citoyen avait pris part, dans les rangs de l'armée, à la défense du pays, dans la triste, dans la néfaste année 1870.

Paul Baudry était, Messieurs, de ceux dont l'âme est pleine de tendresse, il avait l'esprit fin et le sentiment élevé. Dès qu'il fut en âge de voir et de comprendre, il s'appliqua à observer la nature afin d'en saisir les mystères et la beauté, voulant reproduire les impressions qu'il en avait ressenties.

C'était un penseur, un méditatif; peu sensible aux futilités de la forme, il voyait grand, se passionnait pour les sciences exactes, pour la philosophie et même, paraît-il, pour la théologie! Lorsqu'il prenait la plume, dont il se servait avec autant d'autorité que du pinceau, il traçait ses pensées d'une manière précise en même temps que d'une façon spirituelle : l'idée jaillissait, pleine de charme et d'à-propos.

Certes, ne voulant pas abuser de vos instants, nous n'avons pas la pensée de rappeler devant vous, Messieurs, une fois de plus, ce qu'a été la glorieuse carrière artistique de notre ami, ni ce qu'a été sa vie privée, pleine de dévouement et d'affection de toutes sortes pour ceux qui l'entouraient; le tout vous a été rappelé par d'excellentes paroles avec une grande éloquence, il vous a été dit ce que fut le créateur de tant de belles œuvres qui l'ont placé au premier rang des artistes de notre temps.

A toi donc, mon cher Baudry; à toi, mon cher et bien-aimé confrère et ami, à toi, que nous étions fiers de voir et de compter parmi nous, la Société des Artistes français, à laquelle tu appartenais de cœur et dont tu fus l'un des fondateurs, joint ses hommages à ceux que te rendent aujourd'hui tes si nombreux admirateurs, groupés auprès de ce beau monument.

DISCOURS

M. CHARLES GARNIER

MEMBRE DE L'ACADÉMIE

AU NOM DES AMIS DE PAUL BAUDRY.

Messieurs,

Si profonds que soient les regrets des amis de Paul Baudry, ce ne sont pas ces regrets que je devrais exprimer aujourd'hui, en venant devant cette tombe qui, désormais, devient un monument. Dieu a voulu que les souvenirs amers s'adoucissent avec le temps et se fissent plus tendres et plus affectueux. La vie s'est poursuivie et on se surprend à dire avec moins de tristesse le nom des chers absents. C'est que l'homme sent bien qu'il a deux existences; que les douleurs de l'une sont épargnées à l'autre, et que, s'il est permis de pleurer celui qui nous quitte, c'est presque un sacrilège que de le plaindre.

D'ailleurs, lorsque les êtres disparus sont partis après avoir produit de grandes œuvres, ils nous laissent, pour nous rattacher à eux, un noble et pieux sentiment qui est comme la religion de l'artiste. C'est ce qu'on appelle la gloire et qui n'est que la continuité de la vie humaine aspirant à l'immortalité.

Eh bien ! ici, devant ce sarcophage où vient dormir Baudry, ne serait-ce pas être plus respectueux de sa mémoire, de l'admirer dans l'éclat suprême que de la retenir dans les affections d'ici-bas ? Au lieu de suspendre auprès de lui une couronne funéraire, ne devrions-nous pas seulement saluer la couronne triomphale qui abrite son cercueil et consacre son génie ? Nous savons bien que l'ami n'est que pour quelques-uns, tandis que l'artiste est à la France entière.

Et pourtant, mon cher Paul, je ne puis quitter cette place sans que ce soit encore l'ami qui s'adresse à toi. Pendant de si longues années, nous avons marché ensemble ; pendant de si longues années, nous nous sommes aimés si fraternellement, que je me sens toujours au cœur une blessure entr'ouverte. L'espérance de retrouver un jour ceux qu'on regrette ne suffit pas à donner l'oubli, et devant toi, devant cette tombe, je me rappelle nos heureux instants de jeunesse, nos rêves d'avenir et notre doux séjour à la Villa Médicis.

Ce sont ces souvenirs des anciens jours que je ne puis délaisser, même à cette heure où chacun célèbre tes mérites, et, tout en allant vers ta gloire, je veux que l'affection de ceux que tu aimais ramène ton âme vers la terre.

C'est donc, au nom de tous tes amis, au nom de ton frère Ambroise, qui te fut si cher, que je viens te donner le salut suprême et l'ineffable adieu !

Paris. — Typ. Firmin-Didot et Cie, impr. de l'Institut, rue Jacob, 56. — 25572.

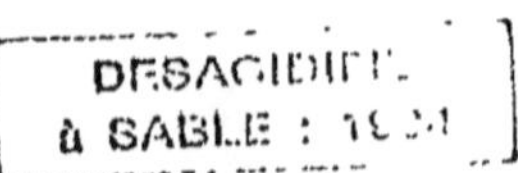